REN
人本教练

人本教练模式系列效率手册

九点
领导力
之可能性篇

黄荣华　梁立邦 著

浙江工商大学出版社
ZHEJIANG GONGSHANG UNIVERSITY PRESS

· 杭州 ·

图书在版编目（CIP）数据

九点领导力之可能性篇 / 黄荣华, 梁立邦著 . — 杭州：浙江工商大学出版社 , 2020.11
（人本教练模式系列效率手册）
ISBN 978-7-5178-4018-3

Ⅰ . ①九… Ⅱ . ①黄… ②梁… Ⅲ . ①领导学—通俗读物 Ⅳ . ① C933-49

中国版本图书馆 CIP 数据核字 (2020) 第 150634 号

九点领导力之可能性篇
JIUDIAN LINGDAOLI ZHI KENENGXING PIAN

黄荣华　梁立邦　著

责任编辑　范玉芳　谭娟娟
封面设计　王杨帆
责任印刷　包建辉
出版发行　浙江工商大学出版社
　　　　　（杭州市教工路 198 号　邮政编码 310012）
　　　　　（E-mail: zjgsupress@163.com）
　　　　　（网址 : http: //www.zjgsupress.com）
　　　　　电话：0571-88904980　88831806（传真）
排　　版　程海林
印　　刷　天津市祥丰印务有限公司
开　　本　880mm×1230mm　1/32
印　　张　5.25
字　　数　95 千
版 印 次　2020 年 11 月第 1 版　2020 年 11 月第 1 次印刷
书　　号　ISBN 978-7-5178-4018-3
定　　价　48.00 元

目 录

1

第一部分

理论介绍

八步发掘你的可能性

祝贺你选择了这本《九点领导力之可能性篇》，这表明你已迈出了释放可能性的第一步。接下来，简单地说，只需八步，两个月后，你会发现，你的这种与生俱来的可能性将会被完全发掘！

>>> 第一步 选择本效率手册

你已完成了！

>>> 第二步 可能性测试

你可登录人本教练研究中心网站 www.rencoaching.com，测试你可能性的运用情况，根据测试报告，来设定、检视及修正自己的目标和行动计划。

>>> 第三步 现状检视

成功不仅需要目标和行动，更需要检视。

检视会令自我意识警醒，本效率手册专门设计的检视表，会让你发现自己平时没有留意的一些层面及不同层面的比例，会让你看到哪些是你要重视的、哪些是你要调整的，然后选择是否放在你最终的行动计划里。

请认真填写检视表。你可能随时都在检视，你也可以用自己的方式检视，但我们建议你按照书里提供的检视表来检视。

>>> 第四步 突破你的"有"

这一步将会帮助你突破你的"有"，突破别人的眼光、失败的风险和已有知识的局限，获得无限可能。

>>> 第五步 拥有谦虚的心态

这部分将会改变你的心态，令你真正拥有谦虚的心态，从而探索无限可能。

>>> 第六步 探询——找出可能性之门

这部分将会教你如何找出可能性。你将学到强大的探询技巧，这些技巧都是发掘你的可能性的重要工具。

>>> **第七步** 利用可能性探询无限的商机

这一步将会教你如何在企业内外探询真相，从而为企业带来无限的商机。

>>> **第八步** 成功总结

祝贺你又有了一次人生成功的体验！这是成功的一刻，是开心的一刻。你的心里一定有很多的感受，把它写下来，然后，尽情地享受这美妙的时光吧！

　　"人本教练模式系列效率手册"共有九本。根据人本教练模式的理论，九点领导力的起点是激情，有了激情，然后做承诺，采取负责任的态度，欣赏身边的一切，心甘情愿地付出，信任他人，开创共赢的局面，这些过程会增添更大的激情，从而可以感召更多的人参与，创造更多的可能性（详情请见《人本教练模式》，北京联合出版公司，2017年版）。因此你可以按照此顺序进行领导力训练。

　　九点领导力的训练是一个心态调适的过程，是一段心理旅程。这个旅程可能不是一帆风顺的，当你有任何需要时，可到我们的网站寻求教练的帮助，我们的网址是 www.rencoaching.com。

可能性应用篇

教练是一门通过完善心智模式、调适心态来发挥潜能、提升效率的管理技术。我们要通过调适信念和心态，在过程中寻找自己的答案，拟订行动计划，创造出符合目标的未来。教练的作用发挥在调适阶段，教练是调适的有效工具。（详情请见《人本教练模式》，北京联合出版公司，2017 年版）

人本教练模式

人往往喜欢把看到的事当作事实，并且非常相信自己过去的经验，如果受过往心态和经验的限制，就更看不见将来了。然而，人只要破除固有观念，从另一个角度去看问题，可能性就会油然产生。

可能性就像水之形态，像《孙子兵法》里说的"兵无常势，水无常形"。水流到大海，就会变成海域的形状；流到河里，就会变成河道的形状。水是有无限可能性的。

人亦像水一样，拥有着无限的可能性。但是很多人只看到事情的一面，却看不到存在着的其他可能性。例如，当一个人被骂的时候，他第一时间的情绪反应就是以牙还牙，一定要回骂对方，原因就在于这个人不知道事情背后存在着其他可能性，如别人骂你时，你还可以选择不骂回去。

人亦因局限自己的可能性而不能达成很多目标。面对一件从未做过的事情时，不少人最初的反应是"我做不到"，结果他们不会去做任何尝试。人出生时根本没有什么过往经历，如果一直抱着这种心态做事，那么人的一生就会变得什么都不懂。另外，由于一些人将物理世界的因果律应用到精神世界中，因为 A，所以 B，从而限制了自己的很多可能性。而一旦人把因果律推演成宿命论，就会形成心态上的框架，冲不出不可能的死胡同。经验主义哲学家戴维·休谟（David Hume）认为，人在思维中存在着因果律的倾向，而因果律的出现是因为人有一种习惯性期待，这种习惯性的期待会使人失去探询真相的机会。

在可能性的课题上，因果律扮演了一个重要的角色。戴维·休谟对因果律的研究有重要的贡献。他认为，人们观察世事万物后，会把这些印象整合成记忆，存放在脑海里。在整合过程中，人们利用了以下三种技巧：类似律、时空接近律及因果律。

类似律是一些不需要用印象去记忆的东西，例如数学的抽象概念。由于类似不需要用印象去记忆，故此，它是最真实的。时空接近律是延续概念，它代表着自然科学，例如太阳每天都会升起。接近亦有机会是错的，因为它需要用印象去记忆。最后一种整合方法是因果律，即"因为 A，所以 B"的

想法，例如某企业将其产品的价格调高，随后其利润也有所增加，这时他们便误以为是调高价格这个"因"引致了利润提升这个"果"。因果律的出现是因为我们有着一种习惯性期待，我们习惯了"若 A 出现，B 就会同时出现"，故此不会去探索其他的可能性。人本教练模式亦认为因果律是产生可能性的限制，它是阻碍我们探索可能性的"有"。

空

"空"是产生可能性的基础，它和水一样，没有固定模式，没有固有框架，能够形成各种可能的形状。世事万物往往以不同的形式表现出来，人们通常只能看到事物的一面，而忽略了其他方面；只能看到事物的表面，而看不到事物深层的一面。我们可以从盲人摸象的故事中看到，盲人是如何以片面代替整体的。几个盲人尝试用自己的触觉认识大象，由于大象十分高大，他们就误以为自己所摸到的局部就是大象的整体，于是以各自不同的印象描述大象的形体。大象的形象被歪曲了。故此，人应该放下自己的执念，听听别人的说法，并因此获得一些新的发现。

"空"是放下心中已有的信念，跳出概念的局限，发掘无限的可能性。人的内心被过去的概念充满，无法空出来，沉迷于过去而忽略现在，这就是人无法发掘可能性的原因。唯心主义哲学家乔治·贝克莱（George Berkeley）认为，世界万物只是因为我们的感知而存在。这个观点和佛教讲到的"空"相似，佛教偈语有云："菩提本无树，明镜亦非台，本来无一

物，何处惹尘埃"。佛教和宋明理学中的象山学派皆认为，世事万物本来就是空的，因为万物都在我们心中。正因为空，所以万物与我合一，我们根本没有物理上的限制，世界亦没有一定的形状，因此，可能性是无限的。人本教练模式认为的"空"也是这样的，因为世事万物本身就是空，所以它像水一样没有固定的模式，因此有着无限的可能性。

在认知心理学中，"有"就是人类的认知行为的基本模式——基模（Schema）。基模，是指人脑海里的信息结构，它是人认知世界的基础。一旦人有了对世界的认知，就会将信息形成基模，基模会指导人们做推论。例如，在你的基模上的认知是囚犯都会穿黑白相间条纹的衣服，那么，当你见到一个人穿着黑白相间条纹的衣服时，你会认为这个人可能就是囚犯。也就是说，基模为人们提供了简便的认知方式。除认知外，基模也会引导我们的注意力，令我们留意一些符合自己基模的事情。基模就是人本教练模式里讲到的"有"，因为它提供了认知的快捷方式，令我们安于一隅，减少了发现其他可能性的机会。

社会认知学中有一套理论，名为光环效应（Halo Effect）。当我们尝试去认识一个人时，他某一方面的优点或缺点将会影响我们对他的整体评价。例如，这个人经常迟到，我们就会认为他的整体工作表现很差。正是光环效应的作用，才让我们产生这样的判断。在人本教练模式里，"有"就会产生光环效应，令我们只见树木，不见森林。这减少了我们了解其他可能性的机会。

谦　虚

谦虚的人不会执着于过去和经验。相反，不谦虚的人会自信于自己的认知，认为自己洞察世事，一切事情都如他所料。即使他认识到在某件事情上自己是错的，但是他马上就能为自己找到很多理由，去证明他在另一方面是对的。这样的人不可能学习到如何分析事情，故此，他们绝对发挥不出更多的可能性。

社会心理学中讲到，人都会有自我中心偏差（Egocentric Bias），它的意思是，人往往会选择性地以自己的观点来记忆社会的信息。例如，当一个人犯错时，如果他认为自己是对的，便只会记忆支持自己是对的的观点和事情。这些有自我中心偏差的人，就是不谦虚的人，他们只会以自己的观点看世界，不能用谦虚的心态接收世界的信息，从而减少了很多找出自己可能性的机会。

谦虚的人就像安心下残局的人，他们不会询问为何有这样的残局，不会埋怨过去，只会将焦点放到将来，接受此时此刻的情况，并努力改变。对这样的人，可能性就会在他们面前展现。美国心理治疗学家威廉·格拉瑟（William Glasser）的现实治疗法认为，解决问题的重点是不止于此时此刻，要远眺将来。纠缠于过去的问题是没有意义的，因为问题已经发生，无法改变，只有着眼于将来，才能发掘更多的可能性，有效改善状况。人本教练模式也认为，纠缠于过去会让人不谦虚，放不下"有"，从而不能产生可能性。

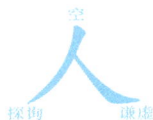

探　询

　　当一个人坚信不可能的时候，他总会找许多理由去证明。这些人只会保持自己的主张，看不到任何可能性。这类人在企业里会武断地压制反对声音，但也因此失去通过了解别人的想法得到解决方法的可能性。这类人必须要有开放的心态，运用探询的方法了解事物背后的真相，而不是一味地为自己的主张辩护。只有进行开放式的探询，才能破除不可能的信念，从而了解到世事的无限可能。

　　在探询的课题上，认知心理学提供了重要的支持。人们用来做决策的策略通常都是便利式的可得性启发（Availability Heuristic）。这种策略是指人们在做决策时，经常会用上一些自己容易理解的信息，并通过这些信息做出决策。例如，一个人经常看到男性出生率增加的信息，他便会认为男性的出生率一定比女性的出生率高。而这种策略，正好就是人本教练模式中所提到的，人们不能真正做到探询的原因。

可能性测试 03

现在，请你先登录 www.rencoaching.com 填写自我测量表。

自我测量表指引（网上测试）

第一次测试在使用本效率手册之前，建议你现在就用不超过 10 分钟的时间去测试，第二次测试在三个月后你成功的那一天。

需要提醒你的是：最佳的测试是用你的直觉来判断。请跟随你的直觉走，而不是靠分析或他人的引导，因为只有你最了解你自己。

欣赏：造就可能性的发掘

当你完成欣赏篇的效率手册后，相信你已经了解到世界是充满可能性的。现在，请你仔细阅读下面这个案例。

沃尔玛是美国一家世界性连锁企业，从 1968 年到 1978 年，沃尔玛的纯收益增加了 600% 以上。在那个年代，它是全球增长速度最快的企业之一。

在沃尔玛创业之初，美国市场上已经有很多规模庞大的零售企业。沃尔玛不像其他零售企业那样，以城市为主要零售地点，沃尔玛的策略是首先进军乡镇，再向城市发展。

很明显，乡镇并没有像城市那样的庞大客户群与消费能力。但是，沃尔玛的创始人山姆·沃尔顿（Sam Walton）看到，随着汽车的普及，当客人需要购买一些大件产品，而乡镇的零售店价格比城市的零售店价格便宜时，客人便会选择驾车去乡镇购买。由于乡镇店面的租金比较低，加上沃尔玛拥有完善的库存管理模式，沃尔玛做到了真正的低成本、低价格。正因为如此，沃尔玛可以完全发挥其竞争优势，在众多竞争对手中脱颖而出。

　　根据上面这个案例，你认为发掘可能性的先决条件是什么？

....
....
....
....
....
....
....
....
....
....
....
....
....
....
....
....
....

根据上面这个案例，你认为沃尔玛欣赏到了什么？

你认为欣赏是怎样帮助沃尔玛做到探询的呢？

....

....

....

....

....

....

....

....

....

....

　　沃尔玛的成功源自其欣赏之心。因为怀有欣赏之心，沃尔玛没有小看乡镇的市场价值。因为怀有欣赏之心，沃尔玛可以探询到事情背后的真相，知道城市的居民也会到乡镇的零售店去购物，只要其价格比城市的零售店低。因为怀有欣赏之心，沃尔玛可以探询到事情背后的真相，看到消费者的真正需要。正因如此，沃尔玛看到了在乡镇开设零售店的可能性，并最终成了全球知名的零售企业。

分享：没有可能的可能

海伦·凯勒（Helen Keller）是一个可怜的女孩，她在一岁半时患上重病，导致终生失去了听觉和视觉，从此生活在孤独和黑暗的世界中。面对这些困难，她没有放弃，坚信自己的人生依然有无限的可能性，后来，她成了著名作家和教育家。

海伦·凯勒的转变，在于她遇上了恩师沙利文。沙利文教导海伦·凯勒，每样事物都有它的名称。例如，当海伦·凯勒的手在水中时，沙利文便在她的手上写：w-a-t-e-r（Water，水）。从此海伦·凯勒开始学习语言，在她的一生中，她学会了拉丁语、希腊语、法语和德语。除语言外，她还学会了很多东西。

海伦·凯勒的传奇故事让我们知道——凡事皆有可能。之所以我们会认为这是不可能的事，是因为我们先有了既定的模式，例如：当一个人眼睛看不见、耳朵听不到，我们就认为他就不能与人沟通，肯定什么也学不到。海伦·凯勒没有这些"有"的模式，她通过不懈的努力，使好像没有可能的事成为可能。故此，我们知道可能性是无限的。

通过这本效率手册，希望你能明白可能的无限性，并突破"有"的观念，成就无限可能。

无限可能的九个点

当你看完《人本教练模式》一书后，相信你已知道如何用四条连续直线把以下的九个点连起来。现在，请你亲自尝试，把下图的九个点用四条连续直线连起来吧。

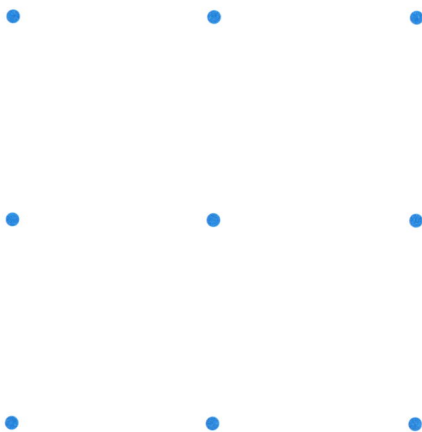

●　　　　　●　　　　　●

●　　　　　●　　　　　●

●　　　　　●　　　　　●

如果只能用三条连续直线把九个点连起来，你会怎么做呢？请在下图中尝试一下吧。

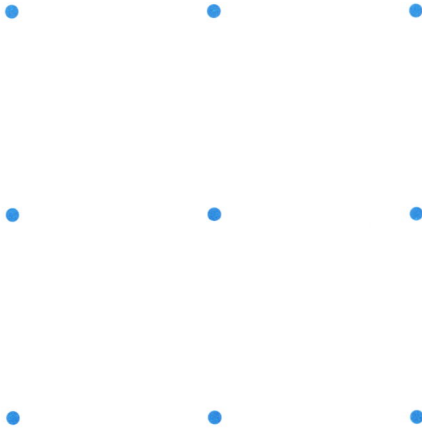

答案是：无限延长。

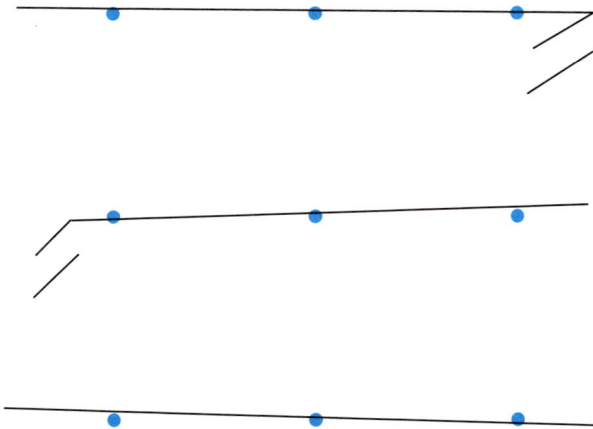

如果你能够想到上面的答案，那么恭喜你，你已经能够突

破自己的框架，想出更多、更广的可能性了。

　　这个游戏带给我们的启示是：只要你能够成功突破自己，那么更大的可能性就会出现；只要突破这些固定的思维框架，你就可以用更少的资源来解决问题。以下的练习，将会教你如何一步步地突破思维框架，成就无限可能。

自我检视 04

相信你现在已经知道可能性的威力了，那么，你的可能性有多少呢？无论如何，本效率手册都会帮助你去突破你的"有"，并让你怀着谦虚之心去探询，之后你就可以发挥出自己的无限可能了。

在进行具体的练习前，请你先完成以下有关可能性的自我检视。这是你初步的自我检视，等八周练习后，你要再次进行自我检视，查看自己努力的成果。

在人本教练模式中，限制我们的可能性的是"有"。"有"就是你已知的东西，"有"会为你的可能性框上一个框架，从而令你不能发掘出你的可能性。现在，就把你的目标及与目标有关的"有"写到下面的表格中。

例如：你想使公司的营业额增加50%，那么，你的"有"可能会是经济环境不利、市场萎缩或对手的条件较为有利等已有的观念。除此之外，知识也会成为"有"，让你产生盲点，

满足于过去的成功，从而令你疏于继续探询真相，开发不出自己的可能性。这些观念往往会对可能性产生一些限制，这些限制会使你的可能性受到局限。

目　标	"有"
1.	
2.	
3.	

"有"就是限制可能性的障碍。现在，你已经能够找出你的"有"，之后，你将会在以下四大部分的练习中逐渐突破你的"有"。

谦虚是探询真相的心态。谦虚就是解放自己的心灵，令自己有更多的空间去学习。

现在，请你完成下面的问题，以此了解自己是否谦虚。

当你发现自己有不足时，你会：
☐ 找理由证明自己并非不足
☐ 承认自己的不足，并虚心学习
☐ 其他

探询，就是以谦虚的心态开放自己，了解事物背后的真相。

当你遇到困难时，你会：

☐ 坚持自己已有的方法，因为别无他法

☐ 探索可能的新方法，因为可能性是无限的

☐ 其他

根据以上"有"的定义，你是否经常放开你的"有"（限制），去想象无限的可能性？（1分：从不；5分：经常）

从不　　1　　　2　　　3　　　4　　　5　　经常

根据上面"谦虚"的定义，当你感到自己存在不足时，你的处理方法是什么？

....

....

....

....

....

根据上面"探询"的定义，请写出你现在用于探询的方式。

例如：员工、顾客调查等。

....

....

....

....

....

若你已经足够了解自己可能性的发掘情况，你便可以开始下面八周的练习。练习过程可能会很艰苦，然而当你完成后，你就可以突破现在的"有"，并开始探询无限的可能性，为你的人生、事业等创造辉煌了。

具体操作

突破你的"有"  01

当你完成本部分的练习后，你将会学到：

发掘更多的空间

放下自己的执念：

　　突破别人的眼光

　　突破失败的风险

　　突破已有的知识

　　突破你对未来的预期

第一次检视

　　这是第一次测试，请你在做完这部分的练习后再来此页完成检视。

1. 当别人认为你的想法不对时，你会：

　　☐ 坚持自己的想法是有可能的

　　☐ 听取别人的意见，改变自己的想法

　　☐ 其他

2. 当你正在进行的计划有很大可能会失败时，你会：

　　☐ 为避免失败，不再进行这个计划

　　☐ 另想一些可行的方案去进行这个计划

　　☐ 其他

3. 当遇到问题需要解决时，你会：

☐ 使用以往的方法去解决

☐ 想一些新的方法去解决

☐ 其他

4. 当有人预期未来一年的楼市都不乐观的时候，你会：

☐ 认同别人，认为未来一年的楼市都不乐观

☐ 认为未来有很大的弹性，是不能预测的

☐ 其他

可能性——创造无限

百事可乐是全球知名的饮料企业，在全球 200 多个国家和地区设有分公司，拥有 14 余万名员工。百事可乐起源于一个突破。

19 世纪末，一名叫科尔贝·布莱德汉姆（Caleb Bradham）的药剂师正埋头苦干，研究一种治疗消化不良的药水。在不断地研究和实验中，布莱德汉姆发现药水的味道非常清新可口，便认为可以把药水制作成一种饮料，供大众饮用。果然，布莱德汉姆在 1894 年把这种药水变成了饮料，后来改名为百事可乐。现在，百事可乐已成为世界最大的饮料生产商之一。百事可乐的成功就是因为可能性发挥了作用。

如果你是布莱德汉姆，把药水变成饮料的过程中，你可能遇到的限制是什么？

例如：药水只可以用于治疗，没有其他用途。

上面这个案例对你有什么启示？根据启示，你认为目前工作的企业有哪些商机？试着开发你的可能性，并写在下面的横线上。

在发掘可能性的过程中，你觉得会遇到什么困难？

从上面的例子中我们可以看到，可能性是无限的。百事可乐之所以能够将市场做到如此之大，是因为它从药水中看到了功能性饮料的可能性。在开发可乐的过程中，百事可乐突破了很多的"有"，例如药水只可供治疗之用等。

相信你已经明白，突破"有"是开发可能性的重要环节。以下练习将会帮助你突破种种的"有"，从而看到世界无限的变化，把心灵真正空出来。

练习1：把脑袋"空"出来

"空"是指没有"有"的限制，代表了无限的弹性，就像水一样，可以变成任何状态。以下练习将会帮助你开发"空"，探索你的无限空间。

如果你是一位家长，有一天，老师突然给你打电话，说你的孩子在学校伤了人，并要求与你会面。

面对这种情况，你有什么感觉？

....

....

....

....

....

....

....

你对孩子有什么看法？

你认为发生了什么事?

一般人们都会用"有"来看事情，如果现在把你的头脑"空"出来，你会看到什么可能性呢？

例如：我的孩子并不是顽皮，他可能是因为被人欺负而做出了自卫行为。

现在，你可以用"空"出来的思维空间，思考之后应该怎样对待孩子。

例如：我应该不责骂我的孩子，我可以做一个好榜样去教导他。

所以，只要你开发出你的"空"，你所看到的世界就会不一样。

练习 2：突破你的"有"

　　"空"就如水一样，没有固定的形态。而"有"就如框架一样，既限制了你的思维，也限制了可能性的发生。只要你突破了"有"，就可以不受框架限制，发掘出无限的可能性。

　　当你看到那些似乎不可能发生的奇迹后，你就应该明白发掘可能性的重要性。在可能性上，"有"是你想出解决方案的最大障碍。在以下练习中，你将会学到如何突破四大框架：第一个框架是别人的眼光，第二个框架是失败，第三个框架是你已有的知识，第四个框架是你对未来的期望。当你可以突破你的框架，你就可以看到更多的可能性了。

突破别人的眼光

在你努力为自己想出多个可能性时，别人的眼光或社会的习俗很可能会给你一个思维的框架，局限你的可能性。例如，当你想研发一个市场上没有的产品时，你身边的人很有可能会说，你不应该冒这么大的风险去投资这些前景不明朗的产品。这时别人的眼光很有可能会局限你的可能性。又或者你的小孩在学校犯了错，你的伴侣认为一定要责骂他，如果你顺从了伴侣的想法，责骂了小孩，那么你便失去了用更适合的方式教导小孩的可能性。这些都是"有"的一部分。要发掘你的可能性，就必须突破你的思维框架。现在，这个练习将会帮助你突破别人的眼光。

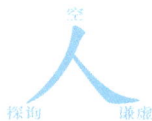

请写出你现在想做或最需要解决的问题，并写出你的目标或你现在遇到的困难。

例如：我希望企业的营业额上升，或孩子/伴侣不愿跟我说话。

对以上目标或困难，你期望得到什么结果？

例如：我希望企业的营业额可以增加 50%，或孩子 / 伴侣愿意跟我说话。

....

....

....

....

....

....

....

....

....

....

....

....

....

....

....

....

请你在下面的表格中，写出你将如何达到上述目标。

例如：

想达到的结果	行动方案 / 解决方法
1. 营业额增加 50%	1. 开发新市场
	2. 开发新产品
	3. 加价
	4. 激发销售员的动力

想达到的结果	行动方案 / 解决方法
1.	1.
	2.
	3.
	4.
	5.
	6.
	7.
	8.

别人对你的目标有何看法?

例如：我的下属认为这个目标是不可能实现的。

别人对你所用的方法又有何看法呢？

例如：公司副总经理认为这个行动方案太过冒险。

你认同别人的看法吗？

你可以认同别人的看法，也可以认为别人的看法是限制你的框架。

认同的看法	不认同的看法

如果摒弃别人的看法，你会怎样制定你的行动方案或解决方法呢？

现在，你可以不用去想任何人给予你的框架，尽可能地想出你的解决办法或行动方案，并写在下面的横线上。

试着从你的行动方案中选择一个你认为最好的方案。

现在，你可以摒弃其他框架，选择一个你最想去做的方案，并写在下面的横线上。

别人的眼光很多时候会限制你的可能性，除别人的眼光外，你必须突破其他的"有"，让自己可以见到真正的"空"。以下的练习将会帮助你突破怕失败的心态。

突破失败

当人们在规划自己的人生或解决问题时，往往想不出很好的方案，他们想出的只会是那些受局限的可能性。为什么会出现这种现象呢？大多是因为人们害怕失败。当人们考虑一件事情的可能性时，往往会把风险因素考虑在内，而这些风险因素就是他们的"有"，是他们怕失败的念头。人们因为受到怕失败的限制，遇到问题时经常一筹莫展，从而走进死胡同。

怕失败就是一种"有"。要做到"无"，你必须突破"有"的框架。这部分练习将会帮助你消除怕失败的感觉。

请在下面的表格中写出你希望达成的成果，以及追求过程中预期失败的结果。

希望追求的成果	预期失败的结果
1.	
2.	
3.	
4.	
5.	
6.	
7.	
8.	

因为有可能失败的结果，人们在想解决方案的时候，往往只会想一些预防失败的方法，而非想一些达到成功的方法。

现在，你已经能够找出预期失败的结果。请你尝试摒弃一切可能失败的结果，并发挥你的无限可能性，去为你的目标或困难写下预防失败的方法及达到成功的方法。

例如：当你想推出一件被市场接受的产品时，预防失败的方法是参考市场既有的产品去做，而达到成功的方法可能是设计一件全新且市场未有的产品。

希望达到的成果：	预期失败的方法： 达到成功的方法：
希望达到的成果：	预期失败的方法： 达到成功的方法：
希望达到的成果：	预期失败的方法： 达到成功的方法：
希望达到的成果：	预期失败的方法： 达到成功的方法：

你已看穿了怕失败的"有"，现在，你可以为你的目标选择一些达到成功的方法吗？请把这些方法写在下面的横线上。

怕失败的心态很多时候会限制你的可能性，除此之外，你必须突破其他的"有"，让自己可以见到真正的"空"。以下的练习将会帮助你突破已有的知识。

突破已有的知识

"有"包括很多事物，也包括你已拥有的知识。不少人认为，解决问题需要很多知识。没错，已有的知识可能已经为你提供了很多旧有的成功案例，也有很大可能曾令你处于不败之地。然而，这个"有"只能帮助你做到不败，却不能帮助你迈向成功。下面，请先看这样一个案例。

一个人想成立一家公司自己做生意，于是他利用已有的商业知识，并参考同行做生意的方法，创立了自己的公司。结果，他使用了一套与同行一模一样的做生意模式，让公司一开始就面对着强大的竞争对手。

你认为这是一个成功创业的例子吗？

....

....

....

....

在这个例子中，创业者的"有"是什么？

他的"有"会阻碍他取得成功吗？

如果创业者可以利用可能性，他会如何经营他的生意呢？

回答完这些问题后，相信你已经明白，已有的知识是产生可能性的一大障碍。在这个练习里，你将学会如何突破已有的知识。

请写出一个你想得到的东西。

....

....

....

....

你会用什么方法得到你想得到的东西呢？在这一过程中，你可能遇到什么困难呢？

....

....

....

....

....

....

....

....

....

....

请你思考并判断一下，以上你所写的方法是旧有的还是全新的，并填到下面的表格中。

得到成果的方法	旧有的或全新的方法
1.	旧有 / 全新
2.	旧有 / 全新
3.	旧有 / 全新
4.	旧有 / 全新
5.	旧有 / 全新

如果你的方法都是旧有的方法，那么，请你在下面的横线上列出一些全新的想法。

你已开始尝试突破旧有的框架了，以下是突破你的"有"的最后一部分练习，在这里，你将会学习如何突破你对未来的期望。

突破你对未来的期望

    每个人都会对未来有期望。期望是利用现在的信息对未来做出预测。心理学中有一种说法，人会倾向于以实现自己期望的方式来做事，这现象被称为"自证预言"（Self-fulfilling Prophecy）。例如，一个人认为自己不能成才，那么他最后便真的不能成才。由此我们可以看到，期望是限制可能性的一种"有"。请你完成以下练习，看看你有没有这种"有"。

    回想过去，你有没有一件事是为了实现自己或别人的预期而做的？
    例如：我的父母希望我成为会计师，我便成了会计师。

....

....

....

....

....

这个预期带给了你什么限制?

如果把自己或别人的期望"空"出来，你会有什么不一样的选择？

例如：我不一定要做会计师，我可能做画家、社工等。

....

....

....

....

....

....

....

....

....

....

....

....

....

....

如果突破了自己或别人的预期，你会选择怎样做这件事？

例如：我可以坚持自己上大学时不选修会计。

由以上练习我们可以看到，预期是一种"有"，它限制了我们的发展和为人处世的方式。所以，预期是我们的心灵不能"空"出来的一个重要原因。

小　结

　　恭喜你已完成第一部分的练习，相信你已经可以突破你的"有"了。由于"有"的存在具有多样性，请你从别人的看法、失败的风险、已有的知识及自己或别人的期望角度去看看你现在的"有"是什么。

　　别人的看法：

....

....

....

....

....

....

....

....

失败的风险：

....

....

....

....

....

....

....

....

....

....

....

....

....

....

....

....

....

....

已有的知识：

自己或别人的期望：

"空"是可能性的因，要看到可能性，你还必须怀着谦虚之心进行可能性的探询。在以下练习中，你将会学到发掘可能性的重要心态与技巧——谦虚和探询。

进度检视

恭喜你已经完成了第一部分的练习。现在，请你检视一下自己的完成度情况（请选出符合你的情况的选项，并用圆圈圈出来）。

1. 发掘更多的空间。

0%　　　　　　50%　　　　　100%

2. 放下自己的执念。

0%　　　　　　50%　　　　　100%

3. 突破别人的眼光。

0%　　　　　　50%　　　　　100%

4. 突破失败的风险。

0%　　　　　　50%　　　　　　100%

5. 突破已有的知识。

0%　　　　　　50%　　　　　　100%

6. 突破你对未来的预期。

0%　　　　　　50%　　　　　　100%

注意：别忘了返回本阶段的"第一次检视"（第 37 页）部分，完成你的检视。

JAVA 游戏

这个游戏要求玩家在游戏内寻找第 083—084 页进度检视中提到的相关六点的石块（发掘更多的空间、放下自己的执念等），只要玩家找全石块，并把它们嵌在石门上，石门就会开启。石门开启后，玩家就会看到一组动画，动画演示的是水变成的各种不同形状和图形。这个游戏的寓意就是，找到以上六点，就可以见到"空"。

（注：具体游戏内容请到 JAVA 官网查询）

02 谦虚之心

当你完成本部分的练习后，你将会学到：

改变你认为是对的的态度

留意更多方面的信息

第一次检视

这是第一次测试，请你在做完这部分的练习后再来此页完成检视。

1. 你通常留意的信息是：

   □ 与自己的价值和态度相符的

   □ 与自己的价值和态度不相符的

   □ 无论相符与否都会留意

2. 当我遇到问题需要解决时，我会：

   □ 看很多不同的信息后才制定解决问题的方案

   □ 只看很少的信息就制定解决问题的方案

   □ 在制定解决方案时不会看任何信息

人的渺小

人只是宇宙中的一点。宇宙中存在着很多的未知、很多的可能。现在，请你尝试回答以下问题。

银河系有多少颗星体？

宇宙从何而来？

相信你不能回答出准确的答案，因为这些问题都还没有被解决。人在宇宙中相当渺小，相应地，人拥有的知识也相当少。人的自满和自大往往让人安于一隅，故步自封，可能性也因此而消失。所以，你必须谦虚，因为只有怀有谦虚之心，你才可能认识更多，并找出可能性。以下练习将会帮助你做到谦虚，以此发掘出你的无限可能。

练习：修炼谦虚之心

很多时候，人都是不谦虚的。人即使认识到自己是错的，也马上就能找到很多理由去自圆其说。人之所以不谦虚，很多时候是因为认为自己是对的，只能看到那些支持自己论点的事，看不到其他可能性。当你谦虚时，你的眼界将会开阔，从而看到每件事都有着无限的可能。在这个练习中，希望你能够以谦虚之心看待事情的多面性，成就自己的可能性。

请写出你希望得到的东西。

例如：我的目标与企业有关，是增加市场占有率、降低成本或提高市场渗透率等。

....

....

....

对于这个你希望得到的东西，你认为最好的达成方法是什么呢？为了得到这个东西，你会怎样做？

例如：我要推出一款被市场接受的产品，而我的达成方法是研发一款新产品。

请写出你为得到这个东西所留意的信息。

例如：我为了推出新产品，留意了与研发相关的信息。

你通常留意的信息是：

☐ 与自己的价值和态度相符的

☐ 与自己的价值和态度不相符的

☐ 无论相符与否都会留意

如果你不谦虚地认为自己的方法是对的，并只会留意那些肯定你的方法的信息，那么你就无法发掘出可能性。因此你现在就要谦虚一点，突破自己的局限，从更多的视角看同一件事情。

除目前所留意的信息外，你想想还有什么信息是可以关注的？

例如：如果我想研发一款新产品，除看研发的信息外，还应该看看市场上有没有同类或相似的产品。

....

....

....

....

....

....

....

....

以上你列出的信息，是否符合你认为是对的的信念？请认真思考，并填写在下面的表格中。

信息	是否符合你认为是对的的信念（是 / 否）
	是 / 否
	是 / 否
	是 / 否
	是 / 否
	是 / 否
	是 / 否
	是 / 否

如果你只看到了一些符合自己信念的信息，那么你将怎样改善这个问题？

看完其他信息后，你从中发现了哪些可能性？

例如：我看完有关市场的信息后，觉得可以做一些更具创新性的产品。

进度检视

　　恭喜你已经完成了这一部分的练习。现在，请你检视一下自己的达成度情况（请选择符合你的情况的选项，并用圆圈圈出来）。

　　1. 放下一些你认为是对的的态度。

```
├──┼──┼──┼──┼──┼──┼──┼──┼──┤
0%            50%            100%
```

　　2. 留意更多方面的信息。

```
├──┼──┼──┼──┼──┼──┼──┼──┼──┤
0%            50%            100%
```

注意：别忘了返回本阶段的"第一次检视"（第 88 页）部分，完成你的检视。

JAVA 游戏

这个小游戏会把画面分为左右两部分。左面的视野非常窄，只能看到很少的东西。而右面是一个人的图像，人的图像内有一些过去的"信念"。玩家需要把这些"信念"抽出，之后就会发现，左面的视野将一下子变得开阔起来。

（注：具体游戏内容请到 JAVA 官网查询）

03 探询——找出可能性

当你完成本部分的练习后，你将会学到：

探询不知道的事情

探询事情背后的真相与担忧

利用提问技巧了解事情的多面性

学会用真正的探询式问题发问

第一次检视

这是第一次测试，请你在做完这部分的练习后再来此页完成检视。

1. 当我的同事 / 下属做错事时，我会：

   ☐ 责备他

   ☐ 找寻解决方法

   ☐ 其他

2. 遇到失败时，我会先：

   ☐ 追究责任

   ☐ 了解事情背后的真相

   ☐ 其他

探询乃谦虚之行动——英特尔

光有谦虚之心是不能完全发掘出可能性的。请留意以下英特尔的例子，它成功的原因不仅在于谦虚，还在于不断探询内在的担忧与真相。

英特尔不断地探询和了解企业背后的担忧，害怕被别人赶超，因此它继续不断地改进和创新。英特尔不仅没有因为自己处在处理器领域的龙头地位而自满，反而怀着谦虚之心去探询，结果它可以一直保持其市场占有率。

另外，英特尔也因为探询到自己的恐惧而有了与 IBM 合作的想法，结果英特尔找到了企业发展的新出路。

由英特尔的例子我们可以看到，探询必须有谦虚的心态支持。以下练习将介绍发掘可能性的这一重要技巧——探询。

练习1：探询——开阔视野的行动

要找出可能性，最重要的一步就是探询。如果你不怀着谦虚之心去做出探询的话，你是不能找到事情的可能性的。

每个人都有知道的东西，也有不知道的东西。人本教练模式里提到，世上之事分为四类：第一类是我知道的，第二类是我不知道的，第三类是我知道我不知道的，第四类是我不知道我不知道的。探询的过程就是令你找出你所不知道的东西。在以下练习中，你将学习如何使自己知道得更多，从而找出更多的可能性。

首先，请写下你的一个目标。

....

....

....

....

....

根据这个目标，请你把"我知道的"和"我知道我不知道的"写出来。当你知道"我知道的"和"我知道我不知道的"后，你便会发现自己的所知和不知，并从一些你知道的不知开始进行探询。

例如，当企业需要标杆学习其他企业，如标杆学习其他企业降低员工流动率的方法时，就必须先了解其他企业的员工流动率是怎样的。当 A 企业的总裁知道 B 企业和 C 企业的员工流动率，而知道自己不知道 D 公司和 F 公司的员工流动率时，那么他就可以开始探询 D 公司和 F 公司了。

在了解完自己知道的东西后，企业就可以开始探询其他不知道的东西了，如一些潜在竞争者或替代品。

我知道 A 公司的产品，我知道我不知道 B 公司的产品。

我知道的	我知道我不知道的

尝试开放你自己，怀着谦虚之心去探询（可以用上"修炼谦虚之心"练习的技巧），比如想想有没有其他公司有类似的产品。当你做完探询后，你是否能写出更多你知道的或你知道你不知道的东西呢？

在写出更多你知道的和你知道你不知道的东西后，你可以看到新的可能性吗？

练习2：学习发问——可能性的探询方式

当一个人探询真相时，他可能只能看到事情的一面，也只能做单面式的探询。发问的技巧将会帮助你做到多面性的探询，从而可以了解事情背后的真相。以下练习将会教你一些发问的技巧，从而学会多面性的探询。

现在，请你写出一个你希望追求的成果。

....

....

....

....

....

....

....

....

现在，请你尝试为你的目标提问。

例如：我要如何做才能达到目标？

....

....

....

....

....

发问时，可以从多角度去提问，总的来说，我们可以从以下角度来发问。

1. 因何（why）。例如：为何要做这件事？

2. 何事（what）。例如：要做些什么？

3. 何处（where）。例如：何处可以做这件事？

4. 何时（when）。例如：何时可以做这件事？

5. 何人（who）。例如：何人能做这件事？

6. 怎样（how）。例如：怎样才能做到呢？

7. 多少（how much）。例如：做这件事要花多少成本呢？

现在，你已经懂得了提问技巧，那么，请用以上提问方式去提问你的目标吧。

发问方式	问　句
因何（why）	
何事（what）	
何处（where）	
何时（when）	
何人（who）	
怎样（how）	
多少（how much）	

现在，你可以回答自己的提问吗？

问　句	你的答案
因何（why）	
何事（what）	
何处（where）	
何时（when）	
何人（who）	
怎样（how）	
多少（how much）	

在利用提问技巧后，你可以看到什么可能性呢？

提问技巧卡

　　提问的方法有助于你发掘可能性。这张提问技巧卡请你每天都携带，以便帮助你找出可能性。

七大提问技巧

1. 因何（*why*）

　　例如：我的企业的业绩因何会下滑呢？

2. 何事（*what*）

　　例如：要做些什么才可能令企业的业绩上升呢？

3. 何处（*where*）

　　例如：我的企业可以在何处发展呢？

4. 何时（*when*）

　　例如：我应该何时上市呢？

5. 何人（*who*）

　　例如：谁可以帮助我？

6. 怎样（*how*）

　　例如：怎样才能做到呢？

7. 多少（*how much*）

　　例如：研发新产品需要多少成本呢？

请你务必每天携带这张提问技巧卡。当你做计划或解决问题时，可以利用卡片中的提问技巧找出可能性。

练习 3：如何探询

请仔细阅读以下案例，然后回答问题。

荣禄公司是一家饮料生产企业，近期该公司的产品接二连三地出现质量问题，很多顾客都投诉了其产品。事因是公司的产品被人恶意下毒，现在公司产品的销售额一直下降，公司的公众形象也日渐变差。

如果你是荣禄公司的经理，现在你需要处理这个问题，你会怎样处理？试着把行动按先后次序写在下面的横线上。

例如：我会先找出工序上的疏忽，然后找该部门的负责人问清原因。

....

....

....

　　处理问题不能够从追究、埋怨及指责的方向着手，因为这些行为的重点并没有放在问题的解决上，而只是单纯地找他人负责任，把责任推卸给他人。

　　真正的探询是通过询问一些问题来发掘可能性，这些问题不会涉及追究、埋怨及指责。例如"是谁的错误令这件事发生"就不是真正的探询，这种询问方式是非探询式的。真正的探询可以帮助你发掘出可能性，令你看到更多的情况，其着眼点在于问题解决，而不是追究责任。例如："是哪道工序出现了问题而令下毒事件出现呢？"这类问题才是探询式的问题。

　　请你区分你以上所问的问题是探询式问题还是非探询式问题，并填写在下面的表格中。

探询式问题	非探询式问题

当你可以用探询式问题发问时，困难的症结就会出现；当你可以看到问题的症结时，你就可以利用空出来的可能性心态找到解决问题的方法。

现在，请你尝试着将非探询式问题转变为探询式问题。

例如：将"是谁的错误令这件事发生"转变为"谁可以帮助我解决问题"。

在用了探询式的问题后，你了解到事情背后的什么真相呢？

例如：我了解到因某道工序出错而令别人有了下毒的机会。

....

....

....

....

....

....

....

....

....

....

....

....

....

....

....

....

....

在用了探询式的问题后，你帮助荣禄公司找到了什么可能
性呢？

例如：加强厂房的安保工作，或加强质量检查。

练习 4：探询真相

现在，请你写出一个你想追求的成果，或者你需要解决的问题。

....
....
....
....
....
....
....
....
....
....
....
....

当你想了解问题或成果背后的真相时，你第一时间会对什么问题去做探询？

请你区分你以上所问的问题是探询式问题还是非探询式问题，并填写在下面的表格中。

探询式问题	非探询式问题

现在，请你尝试着将非探询式问题转变为探询式问题。

在用了探询式的问题后，你了解到事情背后的什么真相呢？

在用了探询式的问题后，你找到了什么可能性呢？

进度检视

恭喜你已经完成了这一部分的练习。现在，请你检视一下自己的完成度情况（请选择符合你的情况的选项，并用圆圈圈出来）。

1. 探询不知道的事情。

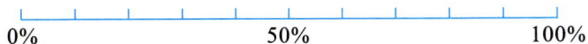

```
0%              50%            100%
```

2. 探询事情背后的真相与担忧。

```
0%              50%            100%
```

3. 利用提问技巧了解事情的多面性。

```
0%              50%            100%
```

4. 学会用真正的探询式问题发问。

0%　　　　　　　50%　　　　　　　100%

注意：别忘了返回本阶段的"第一次检视"（第 102 页）部分，完成你的检视。

JAVA 游戏

这个游戏首先呈现的是一块不完整的拼图，玩家需要把以上面四个部分（例如探询不知道的事情等）为名的拼图嵌入整幅拼图内。之后，玩家就会看到完整的拼图。这个游戏的寓意是，只要利用以上探询技巧找到四个方面的答案，就可以了解到事情背后的真相。

（注：具体游戏内容请到 JAVA 官网查询）

企业篇：如何在管理决策上增加可能性

企业通常要做很多决策。决策方式有很多种，包括独裁式、咨询式及民主式等。很多时候，企业的决策只会由决策层来做，一是因为决策层认为其他员工不懂这些事情，所以不需要咨询他们的意见；二是因为大部分的企业决策都非常紧急，根本没有咨询其他员工的时间。这种独裁式的决策方式往往会局限可能性。企业的决策层要做到可能性的探询，就必须在决策前咨询员工或顾客，以增加可能性，从而做出最正确的决策。

这部分练习将会帮助你集思广益，探询无限的可能性，以令你帮助企业做出最正确的决策。

你的企业的决策方式主要是：

□ 独裁式（独裁式的决策方式是完全不咨询其他员工，

决策完全由决策层来做）

　　□ 咨询式（咨询式的决策方式是在决策前咨询其他员工的意见，但最后的决策权仍在决策层手中）

　　□ 民主式（民主式的决策方式是除咨询其他员工外，每个员工也都有决策权）

　　决策过程中，总会有一些支持和反对的声音出现。现在，请你写出你会怎样处理企业内的反对声音。

　　例如：压制反对声音，或考虑反对声音背后的理由。

....
....
....
....
....

　　在做决策时，反对的声音往往是可能性的源泉，盲目地压制反对的声音，只会限制你的可能性。请你试着接受员工的意见和反对的声音，以此设定未来一周的目标。你的目标可以是循序渐进的，比如先考虑其他意见的合理性，再慢慢接受他人的意见。

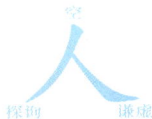

日　程	目　标	如何达到目标（具体行动）
第一天		
第二天		
第三天		
第四天		
第五天		
第六天		
第七天		

观点：探询真相的工具

　　现在，你已经有了这一周的目标。然而，接纳反对声音去探询真相绝不是一件容易的事。我们之所以不能采纳别人的意见去探询真相，往往是因为我们从自己的角度出发，用自己的观点去看世界。下面这个练习将会帮助你从他人的角度看反对的声音，从而探询无限的可能性。

　　请你写出自己企业内的一种反对声音。

....

....

....

....

....

....

....

你怎样看待这种反对声音？

你先想想提出这种反对声音的是谁。然后，你现在就变成他，从他的角度（例如：背景、性格等）出发，去看这种反对声音是否合理。

你现在能接受这种声音吗？

如果你已经能接受，这种反对声音带给你的可能性是什么？

可能性造就成功的企业——3M

3M 是一家美国企业，迄今已发明超过 50000 种新产品。现在，3M 每年也会有超过 100 种新产品推出。其主要产品是胶带类制品，另外也有录音制品、保护药制品等。3M 是一家非常重视新制品的企业，它不会抹杀任何研发新制品的可能性，它认为可能性就是企业生命的源泉。我们可以看到 3M 非常重视可能性，它的成功亦在于对可能性的发掘。下面是它的成功故事。

3M 曾经出品了一批黏性不强的胶水，如果 3M 不做任何补救，该批胶水就会拖垮 3M 的业绩。于是 3M 不问过去，充分发掘可能性，利用这批黏性不强的胶水造出了一批提示贴纸，结果提示贴纸大卖，3M 得以顺利发展起来。

请你试着写出 3M 是怎样利用"空"、谦虚和探询来发掘其可能性的。

"空"：

谦虚：

探询：

因为 3M 可以放弃过去的观念与框架，把失败的经验"空"出来，所以它可以利用可能性的心态去发掘解决问题的方案；加上它利用谦虚的心态做到用真正的探询式问题发问，不坚持己见，了解更多事情背后的真相，从而看到了制造提示贴纸的可能性，制造了全新的提示贴纸。所以，它利用可能性创造了企业的成功。

可能性发现——创造未来

恭喜你已经完成了这一部分的练习。以下问题会让你用到上面练习的技巧，从而为自己创造所希望的未来，并为自己取得想要的东西。

首先，请你从以下三个层面中选出一个你最想深入探讨的层面。

☐ 家庭

☐ 朋友关系

☐ 企业运营

能否简单描述一下你所选择的层面的现状？

例如：我的企业运营出现了问题，问题是结构性产能不足。

....

....

....

....

....

....

....

....

....

....

....

....

....

每个人对将来都会有所推测。例如，你会以今天股市的表现去推测明天股市的情况。很多时候这种推测往往成了你的"有"，限制了你寻求可能性的心态。

根据你的观察或已有的趋势，请你推测你以上所选的层面将来会变成什么样。

例如：由于原料供应短缺（已有的趋势），结构性产能不足将会持续（预测）。

....
....
....
....
....

你需要明白的是，你以上所写的预期亦是"有"的一种。预期是根据已有的趋势去对未来做出推测，它会限制发掘可能性的心态，有碍未来的创造。所以，只有发掘你的无限可能性，你才可以创造出无限的未来。

摒弃以上预测后，你希望将来变成什么样？

....
....
....
....
....

当你实现你所希望的未来后，其图像是怎样的？请你尝试
把它画出来。

能否描述一下你的可能性心态是怎样的？

例如：我看到任何事情都是有可能的，因为世事就如水一
样，可以变成任何形状，我不会抹杀任何事情发生的可能性。

....

....

....

....

....

....

....

....

....

你会如何实现以上你所描绘的未来呢?

你预计自己何时会实现以上你所描绘的未来呢？

当你实现以上你所描述的未来时，你认为你的心情是怎样的？可以在下表中选出来吗？

☐ 平静的	☐ 渴望的	☐ 无所谓
☐ 愉快的	☐ 乐观的	☐ 喜悦的
☐ 轻松的	☐ 激动的	☐ 宁静的
☐ 失望的	☐ 欣喜若狂的	☐ 高兴的
☐ 满足的	☐ 无聊的	☐ 兴奋的

如果不能从上表中选出，你可以写出你的感受吗？

你有多大信心成功创造你的未来？（1分：最小信心；5分：最大信心）

最小信心　　1　　2　　3　　4　　5　　最大信心

可能性令你可以创造未来，不再被宿命论的框架限制。可能性所提倡的是"空"，未来的世界就是"空"。未来变成什么样，主要在于你如何去创造它，而创造的基础就是可能性的探询。

当你完成本效率手册后，相信你已经有了创造未来的能力，请你完成以下总结，以了解自己的成果。

第三部分

总结与应用

总 结 ⓪①

恭喜你现在已经可以去除你的"有"，并能怀着一颗谦虚之心去探询无限的可能性了。相信你已经掌握了可能性的技巧，现在你可以完成以下总结，去看看自己的成果。

经过以上练习，你已经了解了自己的"有"，现在你是否经常摒弃你的"有"去想象可能性？（1分：从不；5分：经常）

从不　　 1　　　 2　　　 3　　　 4　　　 5　　 经常

在完成效率手册后，当你感到自己存在不足时，你的处理方法是什么？试着对比完成效率手册前与现在的不同之处。你可以参考你在第27—32页的"自我检视"中的答案。

请写出你现在用于探询的方式。

例如：员工交流、顾客调查等。

对比完成效率手册前，你增加的探询方式是什么？

....

....

....

....

....

....

....

....

....

....

....

....

....

....

....

....

....

总结你的成果，你所看到的可能性有哪些？

恭喜你现在已经完成了本效率手册。希望你可以突破你的"有"，并怀着谦虚之心来探询，发掘企业的无限可能性，令企业蒸蒸日上。

如果你想更进一步，如果你需要专业教练从旁协助，请随时与我们联络。无论你如何决定，都要保持对自己心灵的敏锐感知。每天继续拿出一些时间跟你的心灵进行对话，唯有你的真我才能告诉你未来的方向。你可以继续用文字记下每天的收获与成果，从而帮助你了解真我，珍惜这段时间得来的成果。

02 应 用

在你完成本练习后，你可能会在工作及生活中取得很多成就。当你用这种模式去支持他人，令他人也能像你一样发挥九点领导力时，他们同样也会面临一个心理调适的过程，教练能在心理调适过程中发挥巨大作用。实践付出能让你在支持别人时得心应手，从而令我们的社会、民族不断进步！

为强化你在教练过程中练习和应用付出能力，请仔细阅读以下策略：

1.确定问题。

• 协助对方找出问题的核心。

2.利用"空"、谦虚和探询找出行动中与模式有差异的地方。

• 协助对方区分"空"、谦虚和探询；

• "空"是放下固有的模式；

• 谦虚是去除自我的固执，放开自己，接受新的事物；

• 探询是放下所有执念，并探询事情背后的真相。

3.厘清目标和方向。

• 协助对方厘清在该问题上的期望。

4.列出差异所产生的后果。

• 协助对方找出在该问题上的期望与行为的差异所产生的
后果。

5.找出不同的处理方式。

• 协助对方列举出不同的可能性。

6.做出选择。

• 帮助对方做出选择。

请用一周的时间从日常生活中找一个案例来练习。

1.确定问题：

2.利用"空"、谦虚和探询找出行动中与模式有差异的地方：

....

....

....

....

....

....

....

....

3.厘清目标和方向：

....

....

....

....

....

....

....

....

....

4.列出差异所产生的后果：

5.找出不同的处理方式：

6. 做出选择：

附　录

下面是关于目标设定的 SMART 系统的详细介绍。

Specific	明确的
Measurable	可测量的
Attainable	可达到的
Relevant	相关联的
Trackable	可检视的

Specific 明确的

目标是清晰明确的，直接、具体、清晰地说明什么时间做什么事，不仅自己清晰明了，也要让别人一看就清晰明了。制定目标时不能用相对的时间或数量，如"15 天内"或"增加30 万元"等，而要用具体的、绝对的时间或数量，例如"在今年 12 月 31 日，公司营业额达到 100 万美元"。

Measurable 可测量的

目标应是可以被自己或他人测量的。当目标明确时，即用具体的、绝对的日期或数量时，目标便可以被测量。例如用了多少时间、做到多少数量等，非常清晰。若用形容词或程度副词来设定目标，如"在最快的时间内做到最好"等，由于每个人对"最快"和"最好"的判断标准都不同，这样设定的目标是很难衡量的。

Attainable 可达到的

这里有两层意思。第一层意思是目标有可能在设定的时间内达到，具有实际操作意义，而不是一厢情愿的愿望、振奋人心的口号。如果目标不切实际，并不可行，不仅流于形式，还会对自己构成压力，影响自信心，如"我要在某年某月某日前带领我的团队完成整个部门的总营业额的50%"等。设定目标时要充分考虑是否有切实可行的实施步骤，有无可能达到。

第二层意思是目标必须付出努力才能达到，而不是按照常规做法就能达到。例如以一伸手就能摘到的果子作为目标没有意义，把需要用尽全力跳起来才能摘到的果子作为目标才有意义。假如平时的业绩已经达到每月100万元，若此时仍将目标设定为每月100万元就没有意义，应该将通过各种努力有可能达到的"每月200万元"设定为目标，这样的目标才有意义。

Relevant 相关联的

这里也有两层意思。第一，目标与行动计划是相关联的，行动计划是围绕目标来制定的。如目标是关于提升领导力的，而行动计划却是关于公司业绩的，两者便没有直接关联。

第二，目标和整体方向必须是相关联的、一致的。如大目标是"我在某年某月某日（6个月内）前体重减至80千克"，但行动计划却只有关于公司业绩提升的内容，没有关于减肥的，那就没有直接的关联。又或者行动计划中只有两个月的计划是关于减肥的，那倒不如把大目标就设定为两个月。当然，你的大目标中可以有几个不同方面的小目标，上述提及的只不过是目标和行动是否有联系或一致而已。

Trackable 可检视的

目标与行动计划在不同的阶段，要根据行动计划的特征定下检视点。当你觉得自己偏离了方向，或想调整前进的速度，甚至有了新的体验和发现时，可以修正行动计划。如"到某月某日（一个月内）体重减至70千克"，并不是要到一个月结束时才去称体重，你可以天天称，也可以一周称一次。在行动计划中应该定下明确的检视点。